DATE DUE   MAY 0 6

GAYLORD   PRINTED IN U.S.A.

Máquinas maravillosas/Mighty Machines

Grúas/Cranes

por/by Linda D. Williams

Traducción/Translation: Martín Luis Guzmán Ferrer, Ph.D.
Editor Consultor/Consulting Editor: Dra. Gail Saunders-Smith

Consultant: Debra Hilmerson, Member
American Society of Safety Engineers
Des Plaines, Illinois

Capstone
press

Pebble Plus is published by Capstone Press
151 Good Counsel Drive, P.O. Box 669, Mankato, Minnesota 56002
www.capstonepress.com

1 2 3 4 5 6 11 10 09 08 07 06

Library of Congress Cataloging-in-Publication Data
Williams, Linda D.
    [Cranes. Spanish and English]
    Grúas=Cranes/by Linda D. Williams.
    p. cm.—(Pebble plus. Máquinas maravillosas=Pebble plus. Mighty machines)
    Includes index.
    ISBN-13: 978-0-7368-5869-4 (hardcover)
    ISBN-10: 0-7368-5869-5 (hardcover)
    1. Cranes, derricks, etc.—Juvenile literature. I. Title. II. Series: Pebble plus. Máquinas maravillosas.
TJ1363.W6518 2006
621.8'73—dc22   2005019051

Summary: Simple text and photographs present cranes and the work they do.

Editorial Credits
Martha E. H. Rustad, editor; Jenny Marks, bilingual editor; Eida del Risco, Spanish copy editor; Molly Nei,
    designer; Scott Thoms, photo researcher; Karen Hieb, product planning editor

Photo Credits
Bruce Coleman Inc./Kenneth W. Fink, 8–9
Capstone Press/Gary Sundermeyer, cover
constructionphotography.com, 21
Corbis/Macduff Everton, 10–11; Paul A. Souders, 6–7; Roger Ressmeyer, 4–5
David R. Frazier Photolibrary, 12–13, 14–15, 16–17, 19
John Foxx, 1

Note to Parents and Teachers

The Mighty Machines series supports national standards related to science, technology, and society. This book describes and illustrates cranes. The images support early readers in understanding the text. The repetition of words and phrases helps early readers learn new words. This book also introduces early readers to subject-specific vocabulary words, which are defined in the Glossary section. Early readers may need assistance to read some words and to use the Table of Contents, Glossary, Internet Sites, and Index sections of the book.

Table of Contents

Cuadro de contenidos

Cranes

Cranes lift. Cranes raise
loads high into the air.

Grúas

Las grúas son para levantar.
Las grúas elevan las cargas
muy arriba.

Crane drivers sit in cabs.
Drivers move loads up and
down, left and right.

Los conductores de las grúas se
sientan en las cabinas. Los conductores
suben la carga hacia arriba y hacia
abajo, a la izquierda y a la derecha.

cab/cabina

Truck Cranes

Truck cranes have long
booms that extend.
Truck cranes move
on wheels or tracks.

Camiones con grúa

Los camiones con grúa tienen
unos aguilones largos que se
extienden. Los camiones con grúa
se mueven sobre ruedas o bandas.

boom/aguilón

Truck cranes lift cars. Truck
cranes also lift logs
and rocks.

Los camiones con grúa pueden
levantar coches. Los camiones
con grúa también pueden
levantar troncos y piedras.

11

Side legs keep truck cranes
from tipping over.

Las patas laterales impiden
que los camiones con grúa
se volteen.

side leg/pata lateral

13

Tower Cranes

Tower cranes look like the
letter T. Tower cranes have
a tall mast, a long jib,
and a hook.

Grúas con torre

Las grúas con torre se parecen
a la letra T. Las grúas con torre
tienen un mástil muy alto,
un aguilón y un gancho.

jib/aguilón

mast/mástil

hook/gancho

Tower cranes sit on rails
or bases. Tower cranes
lift heavy loads.

Las grúas con torre están sobre
rieles o sobre una base.
Las grúas con torre levantan
cargas pesadas.

rail/riel

Tall buildings need tall
cranes. Tower cranes lift
loads for skyscrapers.

Los edificios altos necesitan
grúas altas. Las grúas
con torre levantan cargas
en los rascacielos.

Mighty Machines

Cranes lift loads. Cranes
are mighty machines.

Máquinas maravillosas

Las grúas levantan cargas.
Las grúas son unas
máquinas maravillosas.

Glossary

boom—a metal arm of a truck crane that extends and lifts loads

cab—an area for a driver to sit in a large truck or machine, such as a crane

hook—a piece of metal shaped like a letter J; a hook hangs by a cable from the boom or jib; hooks are used to lift loads.

jib—the metal arm of the tower crane that moves and lifts loads

mast—a tall metal frame on a tower crane; a long arm called a jib stretches across the top of a mast.

side leg—a metal support that slides out from the side of a truck crane and keeps it from tipping over

skyscraper—a very tall building made of steel, concrete, and glass

Glosario

aguilón—brazo de metal de una grúa con torre o de un camión con grúa que se extiende y levanta cargas

cabina—lugar donde el operador se sienta en un camión grande o en una máquina, como una grúa

gancho—parte de metal con la forma de la letra J; el gancho cuelga de un cable del aguilón; los ganchos se usan para levantar cargas.

mástil—asta alta de metal de la grúa con torre; un brazo largo que se llama aguilón se extiende a lo largo de la punta del mástil.

pata lateral—par de barras de metal a los lados de la excavadora; las patas laterales evitan que la excavadora se voltee.

rascacielos—un edificio muy alto hecho de acero, concreto y vidrio

Internet Sites

FactHound offers a safe, fun way to find Internet sites related to this book. All of the sites on FactHound have been researched by our staff.

Here's how:

1) Visit *www.facthound.com*

2) Type in this special code **073685133X** for age-appropriate sites. Or enter a search word related to this book for a more general search.

3) Click on the **FETCH IT** button.

FactHound will fetch the best sites for you!

Sitios de Internet

FactHound te ofrece una manera segura y divertida para encontrar sitios de Internet relacionados con este libro. Todos los sitios de FactHound han sido investigados por nuestro equipo. Es posible que los sitios no estén en español.

Así:

1) Ve a *www.facthound.com*

2) Teclea la clave especial **073685133X** para los sitios apropiados por edad. O teclea una palabra relacionada con este libro para una búsqueda más general.

3) Clic en el botón de **FETCH IT**.

¡FactHound buscará los mejores sitios para ti!

Index

Índice